Made in the USA
Middletown, DE
05 October 2023

40319110R00070